Der Alte Fritz
in fünfzig Bildern für Jung und Alt

Der Alte Fritz
in fünfzig Bildern für Jung und Alt
von
Carl Röchling u. Richard Knötel

Mit einem Nachwort von Wieland Giebel

Reprint der ersten Auflage
Berlin, Verlag Paul von Kittel,
1895

1. Auflage

BERLIN STORY VERLAG

Der alte Fritz

in fünfzig Bildern

für

Jung und Alt

von

Carl Röchling u. Richard Knötel.

Berlin

Verlag von Paul Kittel.

Copyright 1895 by Paul Kittel, Publisher, Berlin.

Der Alte Fritz in fünfzig Bildern für Jung und Alt
von C. Röchling u. R. Knötel.

Herausgegeben von Wieland Giebel
Nachdruck der ersten Ausgabe aus dem Jahr 1895
verlegt bei Paul Kittel

ISBN 978-3-86368-042-8

Alle Rechte vorbehalten.

© Berlin Story Verlag
Alles über Berlin GmbH
Unter den Linden 40, 10117 Berlin
www.BerlinStory-Verlag.de, E-Mail: Service@AllesueberBerlin.com
Umschlag und Satz: Stephanie Hönicke

WWW.BERLINSTORY-VERLAG.DE

Die Darstellungen

1. Kronprinz Friedrich mit seiner Lieblingsschwester Wilhelmine.
2. Der mildthätige kleine Prinzkauft auf der Durchreise in Tangermünde Brezeln und Brot und verteilt alles unter den Armen.
3. Kronprinz Friedrich und Prinz Heinrich erscheinen im Tabakskollegium, um dem königlichen Vater »Gute Nacht« zu wünschen.
4. Der Kronprinz und sein Musiklehrer Quantz werden von Friedrich Wilhelm I. beim Flötenspiel überrascht.
5. Kronprinz Friedrich in der Gefangenschaft zu Küstrin.
6. Kriegsgericht zu Köpenick.
7. Kronprinz Friedrich macht landwirtschaftliche Studien und läßt sich über alle Einzelheiten der ökonomischen Verwaltung unterrichten.
8. Friedrich in den Jahren 1736 bis zu seiner Thronbesteigung 1740.
9. König Friedrich II. mit Abgesandten aus Glogau
10. Ein preußischer Offizier verlangt von dem Bürgermeister von Grüneberg die Schlüssel zu den Stadtthoren.
11. König Friedrichs II. Einzug in Breslau.
12. Schlacht bei Kollwitz.
13. Die Huldigung der Schlesischen Stände im Fürstensaale des Rathauses zu Breslau.
14. Im Siegesjubel von Hohenfriedberg.
15. König Friedrich verbirgt sich vor einer ihm entgegenkommenden Reiterpatrouille unter einer Brücke.
16. Gebet des alten Dessauer vor der Schlacht bei Kesselsdorf.
17. König Friedrich und Voltaire in Sanssouci.
18. Prinz Heinrich in der Schlacht bei Prag.
19. Schwerins Tod bei Prag.
20. Der Unglückstag von Kollin.
21. Am Abend von Kollin.
22. Überfall von Gotha.
23. Der preußische Gesandte Freiherr von Plotho wirft den kaiserlichen Hofgerichtsadvokaten Dr. Aprill die Treppe hinunter.
24. Schlacht bei Roßbach.
25. Am Abend vor Leuthen.
26. Die Potsdamer Wachparade bei Leuthen.
27. Der König entgeht am Abend der Schlacht von Leuthen.
28. König Friedrich II. von Preußen entgeht auf dem Rückzuge nach Schlesien einer Gefahr.
29. Der gefangene schwarze Husar mit dem französischen Befehlshaber Prinz Clermont.
30. Märkische Musketiere und Grenadiere auf dem Einmarsche von Mähren nach Küstrin.
31. König Friedrich auf den Trümmern des von den Russen gebrandschatzten Küstrin.
32. Nach der Schlacht bei Zorndorf.
33. Nächtlicher Überfall durch die Österreicher bei Hochkirch unter Feldmarschall Daun bei Hochkirch.
34. Am Morgen nach dem Überfall bei Hochkirch.
35. Schlacht bei Kunersdorf.
36. König Friedrich II. in der Nacht zum 15. August 1760 den Plan für die Schlacht bei Liegnitz entwerfend.
37. Das Regiment Bernburg während der Schlacht von Liegnitz.
38. Friedrich in der Siegesnacht von Torgau.
39. König Friedrich und Zieten am Morgen nach der Schalcht bei Torgau.
40. König Friedrich auf dem Marsche durch die Lausitz.
41. Im Lager von Bunzelwitz.
42. Bei Burkersdorf hilft Friedrich einem Verwundeten.
43. Der König in seinem Arbeitszimmer zu Sanssouci.
44. Der König Friedrich auf einer Besichtigungsreise.
45. König Friedrich und die Potsdamer Schuljugend.
46. Friedrich des Großen Gerechtigkeitsliebe.
47. Friedrich der Große und sein Leibroß Condé.
48. Der alte Fritz mit Abgesandten der Stadt Greiffenberg in Schlesien.
49. Friedrich der Große und der 85 jährige Zieten im Parolesaal des Schlosses.
50. Friedrich der Große in seinen letzten Lebenstagen auf der Terrasse zu Sanssouci in der Sonne sitzend.

Kronprinz Friedrich zu seiner Lieblingsschwester Wilhelmine, welche ihn bittet, mit ihr zu spielen:
»Gut trommeln ist mir nützlicher als spielen und lieber als Blumen«

Der mildthätige kleine Prinz kauft auf der Durchreise in Tangermünde für sein ganzes Taschengeld Brezeln und Brot und verteilt alles unter die Armen.

Kronprinz Friedrich und Prinz Heinrich erscheinen im Tabakskollegium, um dem königlichen Vater »Gute Nacht« zu wünschen.

Der Kronprinz und sein Musiklehrer Quantz werden von Friedrich Wilhelm I. beim Flötenspiel überrascht.
Lieutenant von Katte, Friedrichs Busenfreund, der vor der Thür Wache gestanden, stürmt erschrocken in das Zimmer:
»Seine Majestät der König!«
(Sommer 1729.)

Kronprinz Friedrich in der Gefangenschaft zu Küstrin.
Herbst 1730.

Friedrich Wilhelm I.   General-Major von Buddenbrock.

Kriegsgericht zu Köpenick.
November 1730.
General-Major von Buddenbrock: »Wenn Eure Majestät Blut verlangen, so nehmen Sie meines, das des Kronprinzen bekommen Sie nicht, so lange ich noch sprechen darf!«

Kronprinz Friedrich macht nach der Aussöhnung mit seinem Vater auf den königlichen Domänen bei Küstrin landwirtschaftliche Studien und läßt sich über alle Einzelheiten der ökonomischen Verwaltung unterrichten.
(1731.)

In den Jahren 1736 bis zu seiner Thronbesteigung 1740 weilte Friedrich meist in Rheinsberg, seine Zeit zwischen ernsten Studien und der Pflege heiterer Geselligkeit teilend. Oft rief ihn seine Stellung als Oberst zu dem im nahen Neu-Ruppin liegenden Infanterie-Regimente.

Erster Schlesischer Krieg (1740 – 1742).

König Friedrich II.
wird beim Überschreiten der Grenze von zwei Abgesandten aus Glogau um Schonung der evangelischen Kirche gebeten.
Der König antwortete huldvoll: »Ihr seid die ersten Schlesier, die mich um eine Gnade bitten, Sie soll Euch gewährt werden.«
(16. Dezember 1740.)

Erster Schlesischer Krieg (1740 – 1742).

Ein preußischer Offizier verlangt von dem Bürgermeister von Grüneberg die Schlüssel zu den Stadtthoren.
Bürgermeister: »Hier auf dem Ratstische liegen die Schlüssel, aber ich werde sie Ihnen unter keinen Umständen geben. Wollen Sie sie selbst nehmen, so kann ich es freilich nicht hindern.« (Ende Dezember 1740.)

Erster Schlesischer Krieg (1740 – 1742).

König Friedrichs II. Einzug in Breslau.
3. Januar 1741.

Erster Schlesischer Krieg (1740 – 1742).

Schlacht bei Kollwitz.
10. April 1741.
»Unsere Infanterie Sindt lauter Cesars und die officirs davon lauter Helden!«
(Eigene Worte des Königs.)

Erster Schlesischer Krieg (1740 – 1742).

Die Huldigung der schlesischen Stände im Fürstensaale des Rathauses zu Breslau.
7. November 1741.
Bei der feierlichen Handlung stellte es sich heraus, daß das Reichsschwert nicht zur Hand war. Kurz entschlossen zog König Friedrich seinen Degen, mit dem er Schlesien erobert hatte, und ließ darauf den Unterthanen-Eid schwören.

Zweiter Schlesischer Krieg (1744 – 1745).

Im Siegesjubel von Hohenfriedberg.
4. Juni 1745.
Das Dragoner-Regiment Bayreuth führt die in der Schlacht eroberten 66 Fahnen dem König vor.
»Die Welt ruht nicht sicherer auf den Schultern des Atlas, als Preußen auf einer solchen Armee.« (Worte des Königs.)

Zweiter Schlesischer Krieg (1744 – 1745).

König Friedrich,

welcher sich gelegentlich einer Recognoscierung der feindlichen Stellungen ohne jede Begleitung zu weit vorgewagt, verbirgt sich vor einer ihm entgegenkommenden Reiterpatrouille mit seinem Lieblingshunde Biche unter einer Brücke. (1745.)

Zweiter Schlesischer Krieg (1744 – 1745).

Gebet des alten Dessauer vor der Schlacht bei Kesselsdorf.
15. Dezember 1745.
»Lieber Gott, steh mir heute gnädig bei, oder willst du nicht, so hilf wenigstens den Schurken, den Feinden nicht, sondern siehe zu, wie es kommt.«

König Friedrich und Voltaire in Sanssouci.

Siebenjähriger Krieg (1756 – 1763).

Prinz Heinrich in der Schlacht bei Prag
ermuntert die Grenadiere vom Regiment Itzenplitz zum Angriff auf die feindlichen Batterien. (6. Mai 1757.)
»Bursche, folgt mir! Unter euch ist keiner, der nicht wenigstens um einen Kopf größer wäre als ich, und wo mir das Wasser an den Kragen geht, reicht es vielen von euch noch nicht an die Hosenschnalle. Gewehr und Patronentasche hoch und nun vorwärts mir nach!«

Siebenjähriger Krieg (1756 – 1763).

Schwerins Tod bei Prag.
6. Mai 1757.

Der Feldmarschall nimmt, als seine Bataillone stockten, dem Fahnjunker Rohr die Regimentsfahne aus der Hand mit den Worten: »Heran meine Kinder, heran! Ihr seht ja, der Feind weicht schon!« Gleich darauf sinkt er, von fünf Kartätschenkugeln zu Tode getroffen, zu Boden.

Siebenjähriger Krieg (1756 – 1763).

Der Unglückstag von Kollin.
18. Juni 1757.

Friedrich versucht ungeachtet des ihn umsausenden feindlichen Kartätschenhagels an der Spitze seiner Getreuen noch einmal, der Schlacht eine günstige Wendung zu geben.

Siebenjähriger Krieg (1756 – 1763).

Am Abend von Kollin. 18. Juni 1757.

»Da trink Euer Majestät und laß Bataille Bataille sein! Die Kaiserin Maria Theresia kann ja wohl auch einmal eine Schlacht gewinnen; davon wird uns der Teufel nicht holen. Es ist nur gut, daß Sie leben. Unser Herrgott lebt auch noch; der kann uns schon wieder den Sieg geben.«

Siebenjähriger Krieg (1756 – 1763).

Überfall von Gotha.
15. September 1757.
Preußische Husaren treiben mit den von den Franzosen bei ihrer eiligen Flucht zurückgelassenen Toilettengegenständen allerhand Kurzweil.

Siebenjähriger Krieg (1756 – 1763).

Der preußische Gesandte Freiherr von Plotho

wirft in Regensburg den kaiserlichen Hofgerichtsadvokaten Dr. Aprill, der ihm die über den König von Preußen verhängte Reichsacht einhändigen will, die Treppe hinunter. (14. Oktober 1757.)

Siebenjähriger Krieg (1756 – 1763).

Schlacht bei Roßbach.
5. November 1757.
Der Reitergeneral Seydlitz schleudert zum Zeichen des Angriffes seine Tabakspfeife in die Luft.

Schmettau. Zieten. König Friedrich II. Prinz Moritz von Anhalt-Dessau. Fouqué. Lentulns.

Siebenjähriger Krieg (1756 – 1763).

Am Abend vor Leuthen.
4. Dezember 1757.

Siebenjähriger Krieg (1756 – 1763).

Die Potsdamer Wachparade bei Leuthen. 5. Dezember 1757.

Wohl ward die Schar, die kleine,
Verspottet und verlacht,
Die sich zu messen meine,
Mit Östreichs Kriegesmacht,

Doch Friedrich ließ sie prahlen,
Mit Worten keck und dreist,
Er rechnet nicht mit Zahlen,
Er rechnet mit dem Geist.

Als ging durch alle Glieder
Der Front ein eisern Niet,
Tritt sie vernichtend nieder
In Staub, was nicht entflieht

Der Schrecken fegt die Bahnen,
Wo sie im Heerschritt naht,
Der Sieg rauscht in den Fahnen
Der stürmenden Wachparad'.

F. u. Köppen.

Siebenjähriger Krieg (1756 – 1763).

Der König entgeht am Abend der Schlacht von Leuthen (5. Dezember 1757)
in Schloß Lissa, wo er unvermutet eine größere Anzahl österreichischer Offiziere einquartiert findet, durch seine Geistesgegenwart der Gefahr der Gefangenschaft, indem er die ihn ehrerbietig begrüßenden Offiziere mit den gleichmütigen Worten anredet:
»Bon soir, messieurs, Sie haben mich wohl hier nicht vermutet? Kann man hier auch noch mit unterkommen?«

Siebenjähriger Krieg (1756 – 1763).

König Friedrich II. von Preußen
entgeht auf dem Rückzuge nach Schlesien auf einem Recognoscierungsritte durch seine Geistesgegenwart einer
ihm persönlich drohenden Gefahr. (1758.)
Friedrich zu dem auf ihn anlegenden Panduren: »Du, du! – Du hast ja kein Pulver auf der Pfanne!«

Siebenjähriger Krieg (1756 – 1763).

Der gefangene schwarze Husar

Ein preußischer Husar war nach verzweifelter Gegenwehr in die Hände der Franzosen gefallen. Der französische Befehlshaber, Prinz Clermont, glaubte aus ihm wichtige Nachrichten über die Stellung des preußischen Heeres herauslocken zu können und fragte ihn: »Wie stark ist die Macht deines Königs?« »Wie Stahl und Eisen!« antwortete der Husar, ohne mit einem Gesichtsmuskel zu zucken. »Nein, du verstehst mich nicht«, versetzte Clermont; »ich meine nur die Zahl deiner Kameraden.« Darauf stutzte der Husar einen Augenblick, blickte in den reichbesternten Himmel und sagte: »Ihrer sind so viele wie Sterne am Himmel stehen.« Der Prinz, abermals betroffen von dieser schlagfertigen Antwort, fragte ihn mit freundlichem Lächeln: »Freund, hat dein König noch mehr solcher braven Soldaten?« Der Husar antwortete ohne Besinnung: »Ich bin der schlechteste von ihnen, sonst wäre ich nicht in Eure Gefangenschaft geraten.« (1758.)

Siebenjähriger Krieg (1756 – 1763).

Märkische Musketiere und Grenadiere auf dem Einmarsche von Mähren nach Küstrin.
August 1758.
»Meine Leute sehen aus wie die Grasteufel, aber sie beißen.« (Eigene Worte des Königs.)

Siebenjähriger Krieg (1756 – 1763).

König Friedrich auf den Trümmern des von den Russen gebrandschatzten Küstrin.
»Kinder, ich habe nicht eher kommen können, sonst wäre das Unglück nicht geschehen. Habt nur Geduld, ich will euch alles wieder aufbauen.« (August 1758.)

Siebenjähriger Krieg (1756 – 1763).

Nach der Schlacht bei Zorndorf.
25. August 1758.
Der König auf General Seydlitz zeigend: »Ohne diesen würde es schlecht mit uns aussehen.«

Siebenjähriger Krieg (1756 – 1763).

Nächtlicher Überfall durch die Österreicher unter Feldmarschall Daun bei Hochkirch.
14. Oktober 1758.

Siebenjähriger Krieg (1756 – 1763).

Am Morgen nach dem Überfall bei Hochkirch.
14. Oktober 1758.

Siebenjähriger Krieg (1756 – 1763).

Schlacht bei Kunersdorf. 12. August 1759.

Den Degen vor sich in den Sand gebohrt, die Arme verschränkt, steht der König allein auf einem Hügel, während ein Page in seiner Nähe das Pferd hält. Sein Rock war von Kugeln durchlöchert; eine derselben war an dem goldenen Etui abgeprallt, das er in der Westentasche trug. Starr und verwundert blickt der König auf die vor ihm wogende Flucht der Preußen. Es schien, als wollte er diesen Anblick, diesen Tag nicht überleben. Voll tiefen Unmuts drängten sich über seine Lippen die Worte: »Giebt es denn keine verwünschte Kugel, die mich treffen kann?«

Siebenjähriger Krieg (1756 – 1763).

König Friedrich II.
in der Nacht zum 15. August 1760 den Plan für die Schlacht bei Liegnitz entwerfend.

»Auf einer Trommel saß der Held   Den Himmel über sich zum Zelt
Und dachte seiner Schlacht   Und um sich her die Nacht.«

Siebenjähriger Krieg (1756 – 1763).

Das Regiment Bernburg,

welches sich bei Dresden den Unwillen des Königs zugezogen und infolgedessen einen Teil seiner Feldabzeichen verloren hatte, wird als Belohnung für sein heldenmütiges Verhalten während der Schlacht von Liegnitz (15. August 1760) von dem Könige wieder in Ehren angenommen. Friedrich zu den ihn umringenden Soldaten: »Kinder, ich danke euch, ihr habt eure Sache brav gemacht, sehr brav! Ihr sollt alles wieder haben, alles!« Dem Sprecher der Leibkompanie, einem alten Graukopf, welcher das Verhalten des Regiments bei Dresden zu rechtfertigen suchte, schüttelte er die Hand und antwortete, indem ihm die Thränen in die Augen traten: »Es ist alles vergeben und vergessen, aber den heutigen Tag werde ich euch gewiß nicht vergessen!«

Siebenjähriger Krieg (1756 – 1763).

Friedrich in der Siegesnacht von Torgau
auf den Altarstufen der Dorfkirche von Elsnig Depeschen und Befehle schreibend. (Nacht vom 3. zum 4. November 1760.)

Siebenjähriger Krieg (1756 – 1763).

König Friedrich und Zieten am Morgen nach der Schlacht bei Torgau.
4. November 1760.
Friedrich schloß tiefbewegt seinen General in die Arme und weinte laut.
»Ja Zieten, Er hat recht; das hat ein Höherer gethan als wir beide!«

Siebenjähriger Krieg (1756 – 1763).

König Friedrich auf dem Marsche durch die Lausitz. 1760.
»Gerade, Kinder, gerade!« Dragoner: »Alter Fritz, auch gerade! Und die Stiefeln in die Höhe gezogen!«

Siebenjähriger Krieg (1756 – 1763).

Im Lager von Bunzelwitz. September 1761.

König Friedrich in sorgenvoller Stimmung zu seinem General: »Nun, Zieten, wie steht's? Wo nimmt Er nur immer seine freudige Zuversicht her in so früher Zeit? Hat Er etwa einen neuen Alliierten gefunden?« »Nein Ew. Majestät, aber der alte dort oben lebt noch!« Der König (seufzend): »Ach! der thut keine Wunder mehr.« Zieten: »Der Wunder bedarf's auch nicht; er streitet dennoch für uns und läßt uns nicht sinken.«

Siebenjähriger Krieg (1756 – 1763).

Bei Burkersdorf.
21. Juli 1762.

Der König in seinem Arbeitszimmer zu Sanssouci.

Der König Friedrich auf einer Besichtigungsreise.

König Friedrich und die Potsdamer Schuljugend.
Friedrich zu den ihn umringenden Jungen: »Macht, daß ihr in die Schule kommt!«
Die Kinder: »Der alte Fritz will König sein und weiß nicht einmal, daß Mittwochs Nachmittag keine Schule ist!«

Friedrich des Großen Gerechtigkeitsliebe.

Friedrich glaubt in der Erbpachtsangelegenheit des Müllers Arnold zu entdecken, daß das Justizkollegium, bestehend aus dem Großkanzler von Fürst und drei Räten des Kammergerichts, ein ungerechtes Urteil gesprochen hätte. Aufs tiefste darüber empört, hält er ihnen das Gewissenlose und Leichtfertige ihrer Handlungsweise mit folgenden Worten vor: »Der geringste Bauer und Bettler ist ebensowohl ein Mensch, wie der König! Ein Justizkollegium, das Ungerechtigkeiten ausübt, ist gefährlicher und schlimmer wie eine Diebesbande: vor der kann man sich schützen; aber vor Schelmen, die den Mantel der Justiz gebrauchen, um ihre üblen Passionen auszuführen, vor denen kann sich kein Mensch hüten; die sind ärger wie die größten Spitzbuben, die in der Welt sind, und meritieren eine doppelte Bestrafung.« (Dezember 1779.)

Friedrich der Große und sein Leibroß.

Der Schimmel Condé, welchen der König während der Feldzüge geritten, kannte seinen königlichen Herrn so genau, daß er oft aus großer Entfernung auf ihn zulief, um sich ein Stückchen Zucker zu holen. Er folgte ihm sogar bis in die königlichen Gemächer.

Der alte Fritz

hatte der im Jahre 1783 abgebrannten Stadt Greiffenberg i. Schlesien zum Wiederaufbau der zahlreichen eingeäscherten Häuser beträchtliche Summen als Baugelder gegeben. Den Abgesandten der Bürgerschaft, welche ihm im folgenden Jahre gelegentlich seiner schlesischen Reise in Kirchberg ihren Dank dafür abstatten wollten, antwortete er bewegten Herzens: »Ihr habt nicht nötig, euch dafür bei mir zu bedanken. Es ist meine Schuldigkeit, meinen verunglückten Unterthanen wieder aufzuhelfen. Dafür bin ich da!« (1784.)

Friedrich der Große und der 85 jährige Zieten im Parolesaal des Schlosses. 1784.
»Setz' Er sich, alter Vater! Setz' Er sich, sonst geh ich fort, denn ich will Ihm durchaus nicht zur Last fallen.«

Friedrich der Große in seinen letzten Lebenstagen auf der Terrasse zu Sanssouci in der Sonne sitzend. 1786.

Einst hörte seine Dienerschaft, wie der König, den Blick auf die Sonne gerichtet, die Worte ausrief: »Bald werde ich dir näher kommen.« Seine Todesahnung erfüllte sich bald. Am 17. August 1786 schloß der Große König seine Augen für immer. Sein letzter Wille lautet: »Meine letzten Wünsche in dem Augenblicke, wo ich den letzten Hauch von mir gebe, werden für die Glückseligkeit meines Reiches sein. Möge es stets mit Gerechtigkeit, Weisheit und Nachdruck regiert werden, möge es durch die Milde seiner Gesetze der glücklichste, möge es in Rücksicht auf die Finanzen der am besten verwaltete, möge es durch ein Heer, das nur nach Ehre und edlem Ruhm strebt, der am tapfersten verteidigte Staat sein! Möge es in höchster Blüte bis an das Ende der Zeit fortdauern!«

Nachwort

Die klaren Bilder dieses Buchs brennen sich tief ins Gedächtnis ein. Sie wirkten unmittelbar auf jedes Kind. Sie prägten das kollektive Bewusstsein jener Zeit. Es gab damals keine Bilderflut. Dieses Buch über Friedrich stellt sich selbst den Erziehungsauftrag, Orientierung zu geben am Beispiel des Königs. Bis heute lautet die zentrale Frage von Jugendbüchern »Wie soll ich leben?«. Die Antwort ist klar: aufrecht, unbeugsam, gradlinig, gerecht, gebildet, mutig, mildtätig. Die Persönlichkeit von Friedrich wird herausgearbeitet, seine Lebensumstände werden geschildert, seine unbändige Schaffenskraft.

Das Buch bezieht Position, zum Beispiel beim Titelbild mit Voltaire. Welche Diskussionen müssen dieser Zeichnung und wahrscheinlich jeder einzelnen Abbildung vorausgegangen sein? Die Maler lassen sich nicht zur verbreiteten Franzosenfeindlichkeit hinreißen. Sie stellen auch nicht die konfliktreichen Situationen zwischen Friedrich und Voltaire dar. Friedrich und Voltaire sehen sich freundlich an. Eine herzliche Beziehung wird dargestellt. Der Geist der Aufklärung drückt sich aus, auch die internationalen Beziehungen Friedrichs.

Einige Schwerpunkte lagen beim ursprünglichen Erscheinen des Buchs auf Themen, die uns heute etwas ferner liegen. Jeder Knabe konnte damals mit seinen Zinnfiguren die Schlachten von Hohenfriedburg, Kesselsdorf, Kollin, Roßbach, Leuthen, Zornsdorf und Kunersdorf nachstellen – und kannte deren Bedeutung für Friedrich und für Preußen. Die Schlachten werden daher nicht näher erläutert.

Dieses Buch ist kein zeitgenössisches aus der Zeit Friedrichs des Großen, wie man vielleicht vermuten könnte. Es entstand auch nicht bald nach seinem Tod im Jahr 1786. Friedrich der Große war seit 109 Jahren nicht mehr am Leben, als dieses Buch im Jahr 1895 herauskam. Damals war die Welt im Kaiserreich noch in Ordnung. Preußen und Deutschland ging es gut. Seit 25 Jahren herrschte Frieden. Historische Bücher gingen so gut wie heute.

Beim Erscheinen des Buchs 1895 hatte die Große Berliner Pferdeeisenbahn ein dicht gespanntes Netz von der Invaliden-, Chaussee- und Oranienburger Straße bis zur Yorck-, Gneisenau- und Admiralstraße sowie dem Kottbusser Damm. Die erste öffentliche Filmvorführung der Brüder Skladanowsky fand im Wintergarten statt. Siemens & Halske eröffneten die elektrische Straßenbahn von Gesundbrunnen nach Pankow. Berlin war ganz modern, Technik und Wissenschaft aufgeschlossen, und huldigte dennoch der Tradition.

Kaiser Wilhelm II. gab die Siegesallee in Auftrag, die 1901 vollendet wurde, er weihte den heutigen Nord-Ostsee-Kanal ein; Conrad Röntgen entdeckte die Strahlen und Pasteur erfand die Pasteurisierung.

Der Verlag, der dieses Buch damals herausbrachte, der **Historische Verlag Paul Kittel**, hatte schon ein Buch über Graf Moltke in mehrfacher Auflage herausgegeben und eins mit dem Titel »Mit Prinz Friedrich Karl – Kriegs- und Jagdfahrten und am häuslichen Herd«. An diesem Buchtitel erkennt man, dass die Zielgruppenbestimmung – ob männlich oder weiblich – auch damals schon eine wichtige Rolle bei der Titelfindung des Buchs spielte. Später kam dann im Jahr 1908 der Prachtband über »Die deutschen Befreiungskriege« in zwei dicken Tafelwerken heraus. Knötel war, als das Buch zu Friedrich dem Großen herauskam, 38 Jahre alt, Röchling 40.

Richard Knötel (*1857 in Glogau; †1914 in Berlin) studierte an der Berliner Akademie der Bildenden Künste und arbeitete als Historienmaler für Kalender und auch für den bis heute bestehenden »Verein für die Geschichte Berlins«. Militär und Uniformen spielten eine bedeutende Rolle im öffentlichen und privaten Leben. Mit seiner Uniformkunde in 18 Bänden schuf Knötel ein Standardwerk. Bei Wikimedia Commons finden sich mehr als 150 Abbildungen von Knötel. Fast alle haben etwas mit dem Militär zu tun, alle Menschen tragen prächtige Uniformen, die Pferde galoppieren. Es geht voran.

Drei Jahre nachdem er dieses Buch gezeichnet hatte, gründete er mit anderen Uniformkundlern sowie Militärhistorikern die Deutsche Gesellschaft für Heereskunde, die es ebenfalls bis heute gibt.

Carl Röchling (*1855 in Saarbrücken; †1920 in Berlin) studierte zunächst an der bedeutenden Kunstschule in Karlsruhe, dann an der Akademie in Berlin. Hier war er Meisterschüler von Anton von Werner. Werner (1843-1915) galt als der bedeutendste Historienmaler der Kaiserzeit, der aber immer ein unabhängiger Geist blieb, der sich nie als Hofmaler verstand, der den antisemitischen Hofprediger Adolf Stoecker als »widerlich und schmutzig« empfand. In diesem Umfeld, also in Berlin und in der Nähe des Hofes, arbeitete auch Röchling. Er entwickelte sich zu einem der am besten beschäftigten Historienmaler; Schlachten waren seine Spezialität, und sein Gemälde »The Germans to the Front« über den Boxerkrieg in China galt als Ikone der Tapferkeit deutscher Soldaten. Röchling malte aber auch riesige Panoramen – so wie Schinkel, bevor er zum Bauen kam, und so wie sie heute wieder aufkommen.

Dieses Buch über Friedrich den Großen war so erfolgreich, dass es viele Auflagen erlebte und das Bild des Königs und seiner Zeit nachhaltiger prägte als manche Biografie.

Wieland Giebel, im November 2011

BERLIN STORY VERLAG
Unter den Linden 40, 10117 Berlin

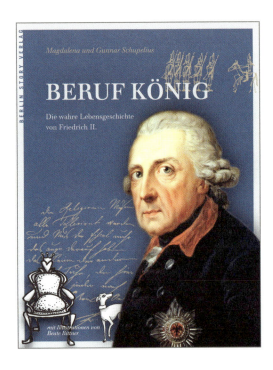

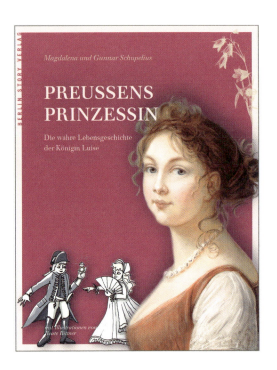

Gunnar und Magdalena Schupelius,
Beate Bittner (Illustratorin)

BERUF KÖNIG
DIE WAHRE LEBENSGESCHICHTE
VON FRIEDRICH II.

64 Seiten, 18,5 x 24 cm,
Französiche Broschur, 14,95 €
ISBN 978-3-86368-055-8

Dieses Buch erzählt die Lebensgeschichte von Friedrich II. Es erzählt, wozu ein König eine Krone braucht, warum er sich manchmal unter dem Bett verstecken muss oder mit welchen Tricks er eine Schlacht gewinnt. Es erzählt von seiner Lieblingsschwester Wilhelmine, von seiner Leidenschaft für Bücher und seinem Prachtschloss Sanssouci. Zum Lesen und Vorlesen für Kinder und Erwachsene ab acht Jahren.

Gunnar und Magdalena Schupelius,
Beate Bittner (Illustratorin)

PREUSSENS PRINZESSIN
DIE WAHRE LEBENSGESCHICHTE
DER KÖNIGIN LUISE

64 Seiten, 18,5 x 24 cm,
Französiche Broschur, 14,95 €
ISBN 978-3-86855-031-3

Dieses Buch erzählt die Lebensgeschichte der Königin Luise. Es erzählt von der kleinen lebhaften Prinzessin, die keinen Nachtisch bekam, weil sie so furchtbar faul war. Es erzählt von der fröhlichen Königin, die gerne Blindekuh spielte. Und es erzählt von der mutigen Herrscherin, die ganz allein mit dem mächtigen Napoleon verhandelte, um ihrem Land zu helfen. Ein Buch für Erwachsene und Kinder ab sechs Jahren.

BERLIN STORY VERLAG
Unter den Linden 40, 10117 Berlin

Sophie Marie Gräfin von Voss

NEUNUNDSECHZIG JAHRE AM PREUSSISCHEN HOF
AUS DEN ERINNERUNGEN DER OBERHOFMEISTERIN

348 Seiten, 12,5 x 20,5 cm, Gebunden, 19,80 €
ISBN 978-3-86855-009-2

Sophie Marie Gräfin von Voss (1729–1814) lebte Jahrzehnte am preußischen Hof und begleitete als Oberhofmeisterin Königin Luise von deren Hochzeit bis zur Stunde ihres Todes. Sie erlebte ganze Epochen preußischer Geschichte – vom Soldatenkönig über Friedrich den Großen, Friedrich Wilhelm II. bis zu Friedrich Wilhelm III. In ihren privaten Aufzeichnungen nimmt sie kein Blatt vor den Mund. Offen beschreibt sie Stärken und Schwächen der Mitglieder der königlichen Familie, der europäischen Kaiser und Zaren.

Dieudonné Thiébault

FRIEDRICH DER GROSSE UND SEIN HOF
PERSÖNLICHE ERINNERUNGEN AN EINEN 20-JÄHRIGEN AUFENTHALT IN BERLIN

494 Seiten, 12 x 19 cm, 29,80 €
ISBN 978-3-86368-049-7

Dieudonné Thiébault (1733 – 1807) wurde im Jahr 1765 als Professor für französische Grammatik nach Berlin berufen, um die Schriften Friedrichs des Großen zu korrigieren. Zwanzig Jahre blieb er am Hof und veröffentlichte 1804 in Paris seine Erinnerungen, hier vollständig und kommentiert nachgedruckt. Als Wissenschaftler analysierte Thiébault den Aufbau von Staat, Verwaltung, Auswärtigem, von Post, Transport und Polizei. Und als Literat charakterisierte er treffend, einfühlsam, aber auch keine Frivolität auslassend die höfische Gesellschaft in Berlin und Europa.

BERLIN STORY VERLAG
Unter den Linden 40, 10117 Berlin

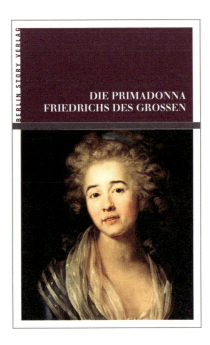

Oskar Anwand/Wieland Giebel (Hg.)

DIE PRIMADONNA FRIEDRICHS DES GROSSEN

296 Seiten, 12 x 19 cm,
fester Einband, 19,80 €
ISBN 978-3-86368-043-5

Zwei eigensinnige Charaktere begegnen sich: Eine junge, ehrgeizige Sängerin und ein alter, zynischer Monarch. Es waren ihre Persönlichkeit und die Umstände ihres Aufstiegs, die Gertrud Elisabeth Mara zu einer so außergewöhnlichen Figur ihrer Zeit machten. Sechs Wochen lang wurde Elisabeth Abend für Abend nach Sanssouci befohlen. Für Elisabeth hat Friedrich die Oper Unter den Linden wieder geöffnet, die er gerade an einen Italiener verkaufen wollte. Das ist wie ein Musical-Stoff, der in Kassel anfängt, über Holland, London, Irland und Paris geht, nach Leipzig, Berlin, Venedig und Turin, nach Moskau, St. Petersburg und Reval. Gertrud Elisabeth Mara hat sich aus eigener Kraft nach oben gekämpft. Sie war die Primadonna Friedrichs des Großen.

R. Kaulitz-Niedeck/Wieland Giebel (Hg.)

DIE MARA – DAS LEBEN EINER BERÜHMTEN SÄNGERIN

ca. 300 Seiten, 12 x 19 cm,
fester Einband, 19,80 €
ISBN 978-3-86368-045-9

Elisabeth Mara faszinierte ein halbes Jahrhundert lang ganz Europa. Ihr Leben war skandalumwittert und eigenwillig. Elisabeth Mara war die Diva des 18. Jahrhunderts, die Callas einer Epoche größten höfischen Glanzes und einschneidender politischer Veränderungen. Sie sang vor Marie-Antoinette und Napoleon, sie erlebte höchste Ehrungen in Italien. In London war sie der Star der Oper, in Moskau wurde sie von Zar Alexander I. umworben. Dieses Buch räumt mit der Legende auf, dass auf Schloss Sanssouci keine Frauen waren. Die Historiker haben die Geschichten nur unterschiedlich abgeschrieben, es kömmt darauf an, die Quellen zu studieren.

BERLIN STORY VERLAG

Unter den Linden 40, 10117 Berlin

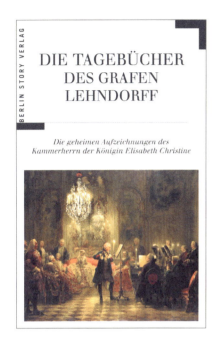

Ernst Ahasverus Heinrich Graf Lehndorff/
Wieland Giebel (Hg.)

**DIE TAGEBÜCHER DES GRAFEN VON LEHNDORFF
DIE GEHEIMEN AUFZEICHNUNGEN
DES KAMMERHERRN DER KÖNIGIN
ELISABETH CHRISTINE**

571 Seiten, 12,5 x 19 cm, Gebunden, 29,80 €
ISBN 978-3-86368-050-3

»Der König ist bei seinem Souper in der Laune, daß er auf alle Welt schilt; so sagt er zum alten Grafen Podewils, daß es für einen Staatsminister eine Schande sei, am hellen Tage in ein Bordell zu gehen.« Fast täglich kommentiert Lehndorff prägnant die Beziehungen am Hof, die moralische Ungezwungenheit, opulente Feste und ausgiebige Reisen. Dieser vollständige, neu gesetzte Nachdruck geht auf das Original zurück und umfasst die Zeit von 1750 bis 1775. (...)

Wieland Giebel (Hg.)

**DAS REITERDENKMAL
FRIEDRICHS DES GROSSEN**

56 Seiten, 21 x 30 cm, 9,80 €
ISBN 978-3-929829-69-3

Schon zu Lebzeiten Friedrichs des Großen waren beeindruckende Denkmäler für ihn geplant worden. 100 Jahre nach seiner Thronbesteigung war es endlich soweit – das Reiterdenkmal wurde am 31. Mai 1851 Unter den Linden enthüllt. Erleben Sie die Verehrung des großen Königs mit den Beschreibungen der Arbeit des Schadow-Schülers Christian Daniel Rauch am Denkmal. Detaillierte Ausführungen zu den dargestellten Persönlichkeiten am Sockel und den dazu gehörenden Abbildungen bringen Sie ganz nah an dieses Kunstwerk.